Hermann-Josef Frisch

Ich lache und ich springe

Mein Gebetbuch zur Erstkommunion

Patmos Verlag Düsseldorf

Inhalt

CIP-Titelaufnahme der Deutschen Bibliothek
Frisch, Hermann-Josef:
Ich lache und ich springe :
Mein Gebetbuch zur Erstkommunion /
Hermann-Josef Frisch. –
1. Aufl. – Düsseldorf: Patmos Verl., 1996
ISBN 3-491-79470-6

 1. Auflage 1996
Umschlagfotos: Peter Wirtz, Neuss
Illustrationen: Markus Humbach
Satz und Gestaltung: Hermann-Josef Frisch, Morsbach
Druck und Bindung: Clausen & Bosse, Leck

Grundgebete

Kreuzzeichen

Im Namen des Vaters und des Sohnes
und des Heiligen Geistes. Amen.

Vaterunser

Vater unser im Himmel,
geheiligt werde dein Name.
Dein Reich komme.
Dein Wille geschehe,
wie im Himmel so auf Erden.
Unser tägliches Brot gib uns heute.
Und vergib uns unsere Schuld,
wie auch wir vergeben unsern Schuldigern.
Und führe uns nicht in Versuchung,
sondern erlöse uns von dem Bösen.
Denn dein ist das Reich und die Kraft
und die Herrlichkeit in Ewigkeit.
Amen.

Mariengebet

Gegrüßet seist du, Maria,
voll der Gnade,
der Herr ist mit dir.
Du bist gebenedeit unter den Frauen,
und gebenedeit ist die Frucht deines Leibes, Jesus.
Heilige Maria, Mutter Gottes,
bitte für uns Sünder
jetzt und in der Stunde unseres Todes.
Amen.

Ehre sei dem Vater

Ehre sei dem Vater und dem Sohn
und dem Heiligen Geist,
wie im Anfang,
so auch jetzt und alle Zeit
und in Ewigkeit. Amen.

Apostolisches Glaubensbekenntnis

Ich glaube an Gott,
den Vater, den Allmächtigen,
den Schöpfer des Himmels und der Erde,
und an Jesus Christus, seinen eingeborenen Sohn, unseren Herrn,
empfangen durch den Heiligen Geist,
geboren von der Jungfrau Maria,
gelitten unter Pontius Pilatus,
gekreuzigt, gestorben und begraben,
hinabgestiegen in das Reich des Todes,
am dritten Tage auferstanden von den Toten,
aufgefahren in den Himmel;
er sitzt zur Rechten Gottes, des allmächtigen Vaters;
von dort wird er kommen,
zu richten die Lebenden und die Toten.
Ich glaube an den Heiligen Geist,
die heilige katholische Kirche,
Gemeinschaft der Heiligen,
Vergebung der Sünden,
Auferstehung der Toten
und das ewige Leben.
Amen.

Am Morgen

Segen

Es segne mich an diesem Morgen
Gott, der Vater,
der mich erschaffen hat.
Es behüte mich an diesem Tag
Gott, der Sohn,
der für mich da ist.
Es stärke mich in meinem Leben
Gott, der Geist,
der in mir lebt und wirkt.
Amen.

Morgengruß

Guter Gott,
heute morgen komme ich zu dir:
Ich danke dir,
denn du hast mich in der vergangenen Nacht beschützt.
Ich danke dir,
denn du sorgst für mich und bist mir nahe.
Deshalb kann ich voll Freude
und Vertrauen in diesen neuen Tag gehen.
Vieles wird heute geschehen,
Gutes und vielleicht auch Schlechtes.
Aber du bist bei mir,
du läßt mich nicht allein.
Amen.

Morgengebete, die Christen seit vielen Jahren beten

Wie fröhlich bin ich aufgewacht,
wie hab' ich geschlafen so sanft die Nacht!
Hab Dank im Himmel, du Vater mein,
daß du hast wollen bei mir sein!
Behüte mich auch diesen Tag,
daß mir kein Leid geschehen mag.

*

Aus meines Herzens Grunde
sag ich dir Lob und Dank
in dieser Morgenstunde
dazu mein Leben lang.
Den Tag will ich dir schenken
und alles, was ich tu,
im Reden und im Denken
im Werk und in der Ruh.

Morgengebete für gute und schlechte Tage

Ich freue mich auf den heutigen Tag.
Zuerst haben wir in der Schule Sportfest.
Und heute nachmittag feiern wir Geburtstag.
Da sind alle Freundinnen zusammen,
es wird ein guter Tag.
Danke, lieber Gott, für alles Schöne.

*

Guter Gott, ich danke dir für die Nacht.
Ich bitte dich für den Tag:
Schenke mir viel Freude,
und laß mich Schönes erleben.
Bewahre mich vor Unglück,
und hilf, daß es keinen Streit gibt.
Segne mich für den heutigen Tag
und für mein ganzes Leben,
du Vater, Sohn und Heiliger Geist.
Amen.

*

Ich bin noch so müde
und will gar nicht aufstehen.
Und in die Schule möchte ich heute auch nicht.
Gestern hat es Streit gegeben
und vielleicht heute wieder.
Gott, hilf mir,
daß der Tag doch noch gut wird.

*

Guter Gott, die Nacht ist vorbei,
ich habe gut geschlafen.
Schenke mir heute:
viel Freude und gute Freunde,
viel Spaß und leckeres Essen.

Ein wunderschöner Morgen

Der Schlaf ist nun zu Ende.
Die Sonne ist erwacht.
Ich falte meine Hände
und danke für die Nacht.
Am blauen Himmel ziehen
die weißen Wolken hin.
Vorm Fenster Blumen blühen.
Ich fühl', wie froh ich bin.

Der Vogel dort, der braune,
der zwitschert froh sein Lied.
Gleich hab' ich gute Laune
und singe fröhlich mit.
Den Morgentisch hat Mutter
mit Brot und Milch gedeckt.
Dazu Gelee und Butter.
Kein Wunder, daß mir's schmeckt.

Die Mutter lacht vor Freude,
weil sie mich so sehr mag.
Da spür' ich, es wird heute
ein wunderschöner Tag!
Ich freue mich am Leben
und an dem Sonnenschein.
Für das, was Gott gegeben,
will ich ihm dankbar sein.

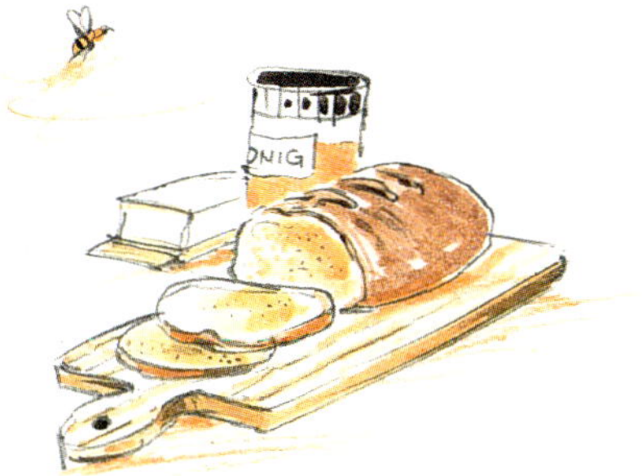

Zum Essen

Segen

Segne, Vater, unser Essen,
segne, Vater, unser Brot.
Laß uns jene nicht vergessen,
die erleiden Hungersnot.
Schenk uns deine guten Gaben,
die du jeden Tag uns gibst.
Laß auch uns das, was wir haben,
teilen, weil du alle liebst.

Vor dem Essen

Guter Gott,
das Essen ist bereitet und steht auf dem Tisch.
Wir freuen uns und sind dankbar,
denn viele haben dafür gesorgt.
Gott, wir danken auch dir,
denn letztlich kommen alle guten Gaben
aus deiner Hand.
So bitten wir dich:
Schenke uns jeden Tag
unser tägliches Brot.
Amen.

Tischgebete, die Christen seit vielen Jahren beten

Aller Augen warten auf dich, o Herr;
du gibst uns Speise zur rechten Zeit.
Du öffnest deine milde Hand
und erfüllst alles, was lebt, mit Segen.

*

Vater, wir leben von deinen Gaben.
Segne das Haus, und segne das Brot.
Gib uns die Kraft, von dem, was wir haben,
denen zu geben in Hunger und Not.

*

O Gott, von dem wir alles haben,
wir preisen dich für deine Gaben.
Wir danken dir, weil du uns liebst.
Drum segne auch, was du uns gibst.

*

Komm, Herr Jesus, sei du unser Gast
und segne, was du uns bescheret hast.

*

Dir sei, o Gott, für Speis und Trank,
für alles Gute Lob und Dank.
Du gabst, du willst auch künftig geben.
Dich preise unser ganzes Leben.

*

Alle guten Gaben, alles, was wir haben,
kommt, o Gott, von dir, wir danken dir dafür.

*

Wir wollen danken für unser Brot.
Wir wollen helfen in aller Not.
Wir wollen schaffen; die Kraft gibst du.
Wir wollen lieben; Herr, hilf dazu.

Vor dem Essen

Guter Gott,
wir freuen uns auf das Essen,
wir haben Hunger und Durst.
Wir freuen uns auch,
daß wir miteinander essen können.
Es ist schön,
um einen Tisch versammelt zu sein.
Danke dafür,
und danke für alles Gute.
Amen.

*

Guter Gott,
wir haben genug zu essen.
Aber überall auf der Welt gibt es Menschen,
die Hunger haben.
Schenke uns ein offenes Herz füreinander,
und hilf uns, miteinander zu teilen.
Amen.

*

Alles Gute, kommt, o Gott, von dir.
Wir danken dir für dieses Essen.
Segne unsere Gaben,
segne unsere Gemeinschaft.
Amen.

*

Gott, du Schöpfer der Welt.
Wir danken dir für unser tägliches Brot
und die Gaben der Erde.
Segne du unser Essen,
und segne auch uns
heute und alle Tage unseres Lebens. Amen.

Nach dem Essen

Guter Gott,
du hast uns satt werden lassen
und uns unser tägliches Brot gegeben.
Deine Sorge hält uns am Leben.
Dafür danken wir dir von ganzem Herzen.
Amen.

*

Gott, du Schöpfer der Welt,
für vieles haben wir dir zu danken:
für das leckere Essen und für das Getränk,
für die Menschen, die für uns sorgen,
für unsere Familie und unsere Freunde,
für das Haus, in dem wir leben.
Laß uns nicht vergessen,
wie reich unser Leben ist,
und laß uns dir immer dankbar sein.
Amen.

*

Gott,
wir haben einen guten Tag:
Wir sind eine Gemeinschaft,
und wir sind satt geworden.
Dafür danken wir dir.
Laß uns auch an die Menschen denken,
denen das alles fehlt,
die allein leben
und die nicht genug zu Essen haben.
Schenk uns ein offenes Herz für sie. Amen.

*

Für Speis und Trank, fürs täglich Brot,
wir danken dir, o Gott.

Am Abend

Der Herr sei vor dir,
um dir den rechten Weg zu zeigen.
Der Herr sei neben dir,
um dich in die Arme zu schließen und dich zu schützen.
Der Herr sei hinter dir,
um dich zu bewahren vor der Heimtücke böser Menschen.
Der Herr sei unter dir,
um dich aufzufangen, wenn du fällst,
und dich aus der Schlinge zu ziehen.
Der Herr sei in dir,
um dich zu trösten, wenn du traurig bist.
Der Herr sei über dir,
um dich zu segnen.

So segne dich der gütige Gott,
der Vater, der Sohn und der Heilige Geist. Amen.

*

Von guten Mächten wunderbar geborgen,
erwarten wir getrost, was kommen mag.
Du bist mit uns am Abend und am Morgen
und ganz gewiß an jedem neuen Tag.

*

Herr, in deine Hände
lege ich voll Vertrauen
mein ganzes Leben.
Amen.

Abendgebete, die Christen seit vielen Jahren beten

Bevor des Tages Licht vergeht,
o Herr der Welt, hör dies Gebet:
Behüte uns in dieser Nacht
durch deine große Güt und Macht.

Hüllt Schlaf die müden Glieder ein,
laß uns in dir geborgen sein,
und mach am Morgen uns bereit
zum Lobe deiner Herrlichkeit.

Dank dir, o Vater, reich an Macht,
der über uns voll Güte wacht
und mit dem Sohn und Heilgen Geist
des Lebens Fülle uns verheißt. Amen.

*

Müde bin ich, geht zur Ruh,
schließe meine Augen zu.
Vater, laß die Augen dein
über meinem Bette sein.

Hab ich Unrecht heut getan,
sieh es, lieber Gott, nicht an.
Deine Gnad und Jesu Blut
machen allen Schaden gut.

Alle, die mir sind verwandt,
Gott, laß ruhn in deiner Hand.
Alle Menschen groß und klein,
sollen dir befohlen sein.

*

Herr, bleibe bei uns,
denn es will Abend werden,
und der Tag hat sich geneiget.

Abendgebete für gute und schlechte Tage

Guter Gott,
vor dem Einschlafen sage ich dir Dank für den heutigen Tag.
Vieles war schön und hat Spaß gemacht.
Ich danke dir für meine Freunde,
mit denen ich gespielt habe.
Ich danke für meine Eltern,
die mich lieb haben und die für mich sorgen.
Ich danke dir für das Spiel und die gute Arbeit,
für das Essen und für den Brief.
Schenke mir jetzt noch eine gute Nacht. Amen.

*

Gott, heute war ein schlimmer Tag.
Überall hat es Ärger und Streit gegeben,
und manchmal war ich es schuld.
Verzeih mir,
und gib mir die Kraft,
es morgen besser zu machen.
Hilf, daß wir uns wieder vertragen,
und schütze uns Tag und Nacht. Amen.

*

Lieber Gott,
ich habe es heute gut gehabt.
Dafür danke ich dir, bevor ich schlafe.
Ich bitte dich aber auch für die Menschen,
die Not leiden,
die Hunger haben,
die weinen und traurig sind
oder vor Schmerzen nicht einschlafen können:
Sei auch ihnen ein guter Freund,
und schenke allen eine gute Nacht.
Amen.

Am Ende des Tages

Der Tag geht nun Ende.
Er hat so viel gebracht.
Wir geben uns die Hände
und sagen gute Nacht.

Ich danke Gott von Herzen,
so gut ich es vermag.
Wir zünden an die Kerzen.
Es war ein guter Tag.

Am Himmel stehn die Sterne.
Der Mond geht seine Bahn.
Wir haben uns so gerne
und schaun uns freundlich an.

Der Tag geht nun zu Ende,
den wir so gut verbracht.
Wir falten unsre Hände
und bitten für die Nacht.

Gute Nacht, gute Nacht!
Ich wünsch' dir eine gute Nacht!
Gute Nacht, gute Nacht!
Ich wünsch' dir gute Nacht!

Gebete für Kommunionkinder

Es geht los

Am ersten Nachmittag
Guter Gott,
jetzt geht es los mit unserem Kommunionkurs.
Schenke uns viel Freude
in unserer Gruppe.
Laß uns gute Freunde werden
und viel Spaß haben.
Begleite uns mit deinem Segen.
Darum bitten wir dich
durch Jesus, deinen Sohn
und unseren Freund.
Amen.

Jesus ist mein Freund
Jesus,
du hast dir Freunde ausgesucht
und sie zu dir gerufen.
Du warst mit ihnen zusammen
ein gutes Stück deines Weges.
Begleite auch uns
auf dem Weg zur Erstkommunion als guter Freund,
auf den wir uns verlassen können.
Öffne uns die Tür zum Glauben
an dich und den Vater.
Amen.

So wie ich bin

Hallo, guter Gott,
hier bin ich, dein Freund.
Ich bin schon ganz schön groß
und kann auch viel.
Danke, guter Gott,
für mein Leben,
für meinen Körper und meinen Verstand,
für mein Herz und meine Hände.
Danke, daß ich spielen und laufen kann,
danke, daß ich gesund bin.
danke, daß ich lernen kann.
Danke für alles, guter Gott.

*

Gute und böse Tage in meinem Leben,
Freude und Kummer, Glück und Leid.
Gott, begleite mich mit deinem Segen
alle Tage bis in Ewigkeit.

*

Deine Welt ist wunderschön, guter Gott.
Die strahlende Sonne, die Wälder und die Blumen,
das Meer und die dunkle Nacht,
die Tiere und vor allem die Menschen.
Aber am allerschönsten bin sicher ich.
Meinst du das nicht auch, lieber Gott?

*

Gott, heute bin ich ganz traurig.
Der Kopf tut mir weh und der Hals,
ich habe Fieber und muß im Bett liegen.
Gott, beschütze mich,
und laß mich bald wieder gesund werden.
Amen.

Manchmal bin ich froh und manchmal traurig

Gott, ich freue mich,
gleich fahren wir zum Schwimmen,
und sicher gibt es danach noch ein großes Eis.
Es ist so schön zu leben.
Danke, guter Gott.

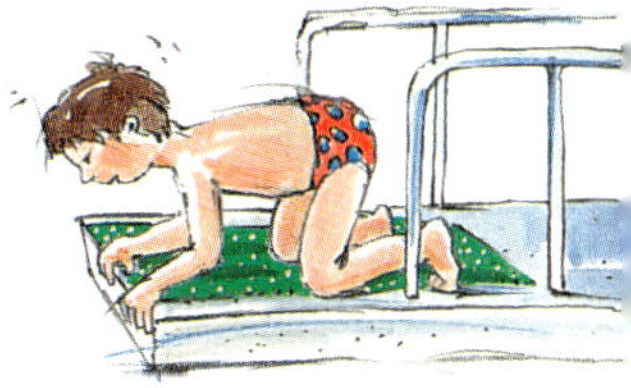

*

Gott, ich hab da ein Problem:
Mit Mathe komm ich einfach nicht klar.
Auch wenn mir meine Freundin hilft,
klappt es einfach nicht.
Ich hab schon richtig Bauchschmerzen davon.
Kannst du nicht irgendwie helfen?

*

Lieber Gott, ich mag Musik,
und ich höre jeden Tag meine Lieblingsmusik.
Mama meint zwar immer, es sei zu laut,
aber das stimmt nicht.
Danke für die Musik.
Danke, daß ich dabei froh werde.

*

Gott, ich habe Angst,
von so hoch oben ins Wasser zu springen.
Die anderen lachen mich aus.
Muß man eigentlich immer Mut haben?
Oder verstehst du mich wenigstens?

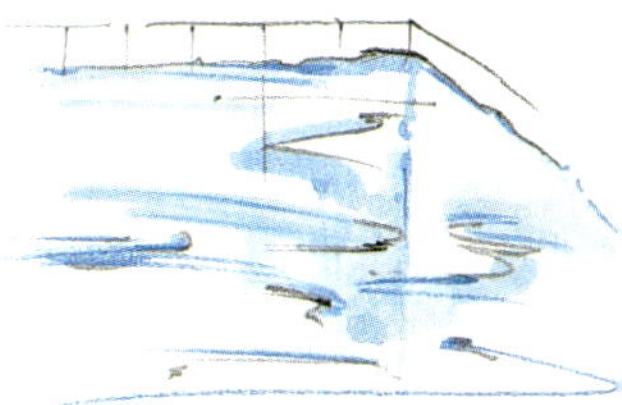

*

Wo ich gehe, wo ist stehe,
ist der liebe Gott bei mir.
Wenn ich ihn auch niemals sehe,
weiß ich doch, Gott ist hier.

Psalm 139: Du bist bei mir

Herr, du kennst mich,
du läßt mich nicht allein.

Ob ich sitze oder stehe,
du weißt von mir.
Von fern kennst du mich.

Herr, du kennst mich,
du läßt mich nicht allein.

Ob ich gehe oder ruhe,
es ist dir bekannt.
Du bist vertraut mit all meinen Wegen.

Herr, du kennst mich,
du läßt mich nicht allein.

Steige ich hinauf in den Himmel,
so bist du dort.
Deine Hand hält mich.

Herr, du kennst mich,
du läßt mich nicht allein.

Du hast mich geschaffen
im Schoß meiner Mutter.
Du umschließt mich von allen Seiten.

Herr, du kennst mich,
du läßt mich nicht allein.

Ich danke dir,
daß du mich so wunderbar geschaffen hast.
Staunenswert sind deine Werke.

Herr, du kennst mich,
du läßt mich nicht allein.

Das Leben leben

Ich bin getauft

Guter Gott,
durch die Taufe bin ich dein Kind.
Du hast mir in der Taufe
das Wasser des Lebens geschenkt,
du hast mich beim Namen gerufen.
So bin ich mit dir verbunden,
aber auch mit den anderen,
die getauft sind.
Laß uns miteinander eine frohe Gemeinschaft sein,
an der du Freude hast.
Amen.

Das Wasser des Lebens

Jesus,
durch die Taufe gehöre ich zu dir,
durch die Taufe bin ich Christ.
Ich darf mich nach dir nennen.
Dafür danke ich dir.
Laß mich immer mehr dein Freund werden
und zu dir gehören.
Schenke mir und allen Christen
immer wieder neu das Wasser,
das Leben und Freude schafft.
Amen.

Ich lebe nicht allein

Die Eltern mein empfehl ich dir,
behüte, lieber Gott, sie mir.
Vergilt, o Herr, was ich nicht kann,
das Gute, das sie mir getan.

*

Lieber Gott,
ich habe meine Eltern gern.
Sie sorgen für mich
und helfen mir.
Darüber bin ich froh.
Laß uns weiterhin gut zueinander sein.

*

Guter Gott,
warum ist Papa so oft weg?
Ich brauche doch auch einen Vater,
der mit mir spielt
und der mich beschützt.
Manchmal bin ich ganz traurig.
Kannst du nicht irgendwie helfen?

*

Oma und Opa sind schon alt,
aber ich gehe gern zu ihnen.
Sie freuen sich, wenn ich komme.
Dann gibt es immer etwas Leckeres,
und sie spielen mit mir.
Gott, segne alle Großeltern.

*

Gott, segne unsere Familien,
segne meine Eltern,
segne meine Geschwister,
segne und beschütze auch mich.

Meine Geschwister

Mein Bruder mag mich.
Er erklärt mir alles
und hat immer Zeit für mich.
Gleich spielen wir wieder zusammen.
Danke, lieber Gott,
für meinen Bruder.

*

Meine Schwester ist ein Biest.
Sie macht mir alles kaputt.
Und wenn ich dann etwas sage,
heißt es, sie ist doch noch so klein.
Manchmal könnte ich sie verprügeln.
Lieber Gott,
gib mir viel Geduld,
und laß sie endlich einsehen,
daß sie nicht an alles drangehen darf.

*

Guter Gott,
du hast alle Menschen gern.
Du bist wie ein guter Vater.
So segne unsere Familie.
Segne meine Eltern und Geschwister,
und segne auch mich.
Wir sind miteinander deine Kinder.
Laß uns deshalb miteinander glücklich werden.
Amen.

Freunde und Nachbarn

Lieber Gott,
ich danke dir für meine Freunde.
Wir spielen oft miteinander.
Letzte Woche haben wir eine Bude gebaut,
und morgen hat mein Freund Geburtstag.
Darauf freuen wir uns schon.
Laß uns immer zueinander halten
und einander helfen.
Und gib,
daß alle Menschen gute Freunde haben.
Amen.

*

Gott,
wir haben Streit.
Ich weiß gar nicht,
war ich tun soll.
Dabei sind wir doch schon so lange Freunde.
Hilf uns, daß wir uns wieder vertragen.

*

In unserer Straße wohnen viele Leute.
Die meisten kenne ich gut.
Manche finde ich nett,
aber mit einigen habe ich auch Streit.
Gott, schütze alle Nachbarn in unserer Straße.
Und laß uns einander helfen,
wo immer es nötig ist.

*

Guter Gott,
segne unsere Klasse,
alle Schüler und auch die Lehrerin.
Mach uns zu einer fröhlichen Gemeinschaft.

Kein Herz aus Stein

Ich habe gesündigt

Gott,
ich muß dir leider sagen,
daß ich nicht gut gewesen bin.
Ich habe Gutes unterlassen
und Böses getan.
Ich habe gesündigt durch meine Schuld.
Darum bitte ich um Verzeihung
und um dein Erbarmen.
Vergib mir,
und laß mich neu beginnen.
Amen.

Ichmensch und Dumensch

Jesus,
du willst uns Menschen gut.
Aber oft sind wir wie Ichmenschen,
wir tun Böses
und unterlassen das Gute.
Gib uns deinen guten Geist,
damit wir besser werden,
und zeige uns Wege hin zum Guten.
Laß uns wie du
ein richtiger Dumensch werden.
Amen.

Schuld und Umkehr

Schon wieder hat es Streit gegeben.
Wir haben uns böse beschimpft.
Wir waren beide richtig wütend.
Schließlich sind wir weggegangen,
jeder in eine andere Richtung.
Gott, du hast gesagt,
du willst uns vergeben,
wenn wir schuldig wurden.
Gib uns die Kraft,
daß wir uns wieder versöhnen.
Schenke uns Frieden
und neue Freundschaft.

*

Guter Gott, es ist schwer,
jeden Tag gut miteinander auszukommen.
Oft klappt es nicht,
und manchmal liegt das dann an mir.
Ich tue Böses,
und andere werden dadurch traurig.
Schenke mir deinen guten Geist,
laß mich um Verzeihung bitten.
Mach, daß alles wieder gut ist.

*

Ich habe meine Mutter belogen.
Ich habe doch den Film gesehen,
obwohl sie es verboten hatte.
Und als sie mich fragte, habe ich gelogen.
Aber sie hat es gemerkt und ist ganz traurig.
Lieber Gott, gib mir den Mut,
mich zu entschuldigen.
Und versöhne uns wieder miteinander.

Die Hand reichen

In der Kirche haben wir uns die Hand gereicht
und gesagt: Der Friede sei mit dir.
Dabei mögen wir uns gar nicht
und ärgern uns, wo wir nur können.
Lieber Gott,
manchmal ist es ganz schön schwierig mit dem,
was du von uns erwartest.
Doch du hast uns gern.
Vergib uns unsere Schuld,
und laß uns richtigen Frieden halten.

*

Gott, verzeih uns,
wenn wir mit den Händen schlagen,
wenn wir mit Worten verletzen,
wenn wir einander ärgern,
wenn wir nicht teilen können,
wenn wir wie Ichmenschen sind.

Zur Beichte

Gott,
ich komme voll Vertrauen zu dir.
Du kennst mich
und nimmst mich an als dein Kind.
Du siehst das Gute in meinem Leben.
Du kennst auch meine schlechten Seiten.
So bitte ich dich:
Verzeih mir meine Schuld,
und hilf mir,
daß alles wieder gut wird.

Igel und Taube

Manchmal bin ich wie ein Igel
und stelle meine Stacheln auf.
Dann bin ich wütend.
Ich suche Streit.
Ich schimpfe und mache Bemerkungen.
Ich schlage und trete.
Ich lüge und petze.
Manchmal bin ich wie ein Igel.
Andere stechen sich an meinen Stacheln.

Manchmal bin ich wie eine Taube.
Dann bin ich friedlich und hilfsbereit.
Ich lache und bringe andere zum Lachen.
Ich freue mich,
und andere freuen sich dann auch.
Ich helfe, wo ich kann,
und alles wird ein Stück besser.
Manchmal bin ich wie eine Taube.
Andere freuen sich über mich.

Guter Gott, hilf mir,
daß ich den Igel weglasse
und immer häufiger eine Taube werde.
Mach mich bereit zum Guten
und vertreibe das Böse.

Gott reicht mir die Hand

Ehre sei dir, o Gott

Herr, unser Gott, wir loben dich und danken dir.
Denn du bist König über Himmel und Erde,
du bist der Herrscher über das ganze Weltall.
Dir sei Ehre
und den Menschen Frieden.

Herr Jesus Christus, wir loben dich und danken dir.
Du bist der Sohn des Vaters,
du bist Herr und Gott.
Du nimmst hinweg die Sünde der Welt.
Erbarme dich unser,
nimm an unser Gebet.
Denn du bist der Herr und der Höchste,
Jesus Christus,
mit dem Heiligen Geist,
zur Ehre Gottes des Vaters.
Amen.

Gotteslob

Gott, wir loben und preisen dich.
Denn du hast alles gut geschaffen.
Du hast uns das Leben geschenkt.
Du bist unser Freund.
Dir danken wir.

Du bist bei mir

Gott, deine Hände haben mich gemacht und geformt,
du hast mein Leben geschaffen.
Du hast mich lieb
und begleitest mich in meinem Leben.
Du bist wie ein treuer Freund,
der mir die Hand reicht.
Du bist bei mir.

*

Gott, ich suche nach dir,
oft bist du mir fremd.
Wenn ich dich doch sehen könnte
wie meinen Freund.
Wenn ich dich doch hören könnte
wie meinen Bruder.
Wenn ich dich doch spüren könnte
wie meine Mutter.
Gott, ich suche nach dir,
bitte, zeige dich mir.
Sprich zu mir.
Komm zu mir.

*

Du Geheimnis unseres Lebens,
du bist ein unbegreiflicher Gott,
wie eine dunkle Wolke über uns hinzieht,
wie ein Windhauch, den wir spüren
und der gleich wieder vergeht.
Gott, wir Menschen verstehen dich nicht,
du bist uns so fremd.
Laß uns deine Nähe spüren,
begleite uns von Tag zu Tag.

Erfülle mich mit deinem Geist

Gott,
heute ist es ganz schön schwierig.
Jeder will etwas von mir,
immer wird gemotzt,
nichts ist richtig,
keiner mag mich.
Hast du mich wenigstens gern?
Hältst du zu mir,
auch wenn ich etwas falsch mache?
Sei mein Freund!

*

Ich werde ganz still,
ich bewege mich nicht.
Nur meine Gedanken wandern.
Ich will ruhig werden,
damit du zu mir sprechen kannst.
Ich will mein Herz öffnen für dich,
damit du mich erfüllen kannst.
Ich will die Hand ausstrecken nach dir,
zeige mir deine Nähe,
guter Gott.

*

Erfülle mich mit deinem guten Geist,
lieber Gott,
damit ich bereit werde,
das Böse zu lassen und Gutes zu tun,
zu teilen und zu helfen,
Frieden zu stiften und zu versöhnen,
ein Dumensch zu werden,
so wie du es von mir erwartest.
Erfülle mich mit deinem guten Geist.

Psalm 104: Ich will dich rühmen

Lobe den Herrn, meine Seele!
Herr, mein Gott, wie groß bist du!

Du bist mit Hoheit und Pracht bekleidet.
Du hüllst dich in Licht wie in ein Kleid.
Du spannst den Himmel aus wie ein Zelt.
Die ganze Erde hast du geschaffen.

Lobe den Herrn, meine Seele!
Herr, mein Gott, wie groß bist du!

Einst bedeckte Wasser alles Land,
die Wasser standen über den Bergen.
Du hast ihnen eine Grenze gesetzt
und die Fluten zurückgewiesen.

Lobe den Herrn, meine Seele!
Herr, mein Gott, wie groß bist du!

Du läßt die Quellen hervorsprudeln in den Tälern.
Allen Tieren des Feldes spenden sie Trank.
An ihren Ufern wohnen die Vögel des Himmels,
aus ihren Zweigen erklingt ihr Gesang.

Lobe den Herrn, meine Seele!
Herr, mein Gott, wie groß bist du!

Du läßt Gras wachsen für das Vieh,
auch Pflanzen für den Menschen, die er anbaut,
damit er Brot gewinnt von der Erde
und Wein, der das Herz des Menschen erfreut.

Lobe den Herrn, meine Seele!
Herr, mein Gott, wie groß bist du!

Jesus hält zu mir

Eine Gemeinschaft

Jesus,
du bietest uns Freundschaft an,
alle dürfen zu dir kommen.
So sind wir eine Gemeinschaft
von Menschen in allen Völkern.
Das finde ich toll.
Dafür danke ich dir.
Amen.

Fürbitte

Guter Gott,
wir bitten dich
für die Einsamen und Kranken,
für die Hungernden und Armen,
für die Alten und die Kinder,
für unsere Gemeinde
und für alle Menschen.
Amen.

Gott ist Hilfe

Jesus,
dein Name bedeutet: »Gott ist Hilfe.«
Du hast den Menschen in Not Hilfe gebracht,
du warst für die Armen und Kranken da.
Du bist auch heute für mich da,
du hilfst mir in meinem Leben.
Du bist wie ein guter Freund und Bruder.
Jesus,
in dir hilft Gott.

*

Jesus, du mein Freund,
erbarme dich meiner.
Jesus, du mein Bruder,
erbarme dich meiner.
Jesus, du Brot des Lebens,
erbarme dich meiner.
Jesus, du Licht der Welt,
erbarme dich meiner.
Jesus, du mein Helfer,
erbarme dich meiner ...

*

Jesus,
du hast die Kinder in die Arme genommen
und gesegnet.
Du hast alle Menschen gern,
besonders die Kleinen und Schwachen.
Segne alle Kinder überall auf der Welt.
Segne auch mich.
Segne die Jungen und Mädchen
unseres Kommunionkurses,
und sei unser Freund.

Jesus, die Liebe Gottes

Du zeigst uns die Güte Gottes,
Jesus, mach mich bereit zur Liebe.
Du zeigst uns das Erbarmen Gottes,
Jesus, mach mich bereit zur Versöhnung.
Du zeigst uns die Freundschaft Gottes,
Jesus, mach mich bereit zur Hilfe.
Du zeigst uns, wie Gott ist,
Jesus, erfülle mich ganz.

*

Jesus,
du hast deine Jünger beten gelehrt,
du hast das Vaterunser mit ihnen gesprochen.
Hilf auch mir,
daß ich gut beten kann
und so mit Gott verbunden werde.
Laß mich beten, wenn ich fröhlich bin
und auch, wenn ich ich traurig bin.
Schenke mir deinen guten Geist.

*

Gott,
ich danke dir für Jesus.
Ich höre so gern Geschichten von ihm.
Dann spüre ich auch etwas von dir.
Wenn ich an ihn denke,
bekomme ich Mut, die Angst geht vorbei.
Wenn ich höre, was er gesagt hat,
dann möchte ich so gut werden wie er.
Wenn ich in der Messe bin,
dann möchte ich von seinem Brot essen
und ganz sein Freund sein.
Gott, ich danke dir für Jesus.

Jesus, ich glaube an dich

Ich glaube an Jesus,
der ein kleines Kind war,
auf die Hilfe seiner Eltern angewiesen.

Ich glaube an Jesus,
der als Jugendlicher seinen eigenen Weg ging
und zu seinem Vater im Himmel fand.

Ich glaube an Jesus,
der sich Freunde suchte
und eine Gemeinschaft von Freunden schuf.

Ich glaube an Jesus,
der den Armen und Kranken geholfen hat.
den Ausgestoßenen und Schwachen.

Ich glaube an Jesus,
der uns Menschen die Liebe Gottes zeigte
und der so Hoffnung schenkte.

Ich glaube an Jesus,
der am Kreuz für uns gestorben ist
und der noch im Tod auf Gott vertraute.

Ich glaube an Jesus,
der von Gott nicht im Stich gelassen wurde,
sondern der von ihm neues Leben erhielt.

Ich glaube an Jesus,
der uns als Auferstandener nahe ist
und der uns als ein Freund begleitet.

Ich glaube an Jesus,
der das Licht der Welt ist
und das Brot des Lebens.

Zu Tisch geladen

Brot für uns
Jesus,
im Brot und im Wein
kommst du zu uns.
Du bist wie Brot für uns.
Du gibst uns Kraft zum Leben.
Du stärkst uns.
Dafür danken wir dir.
Amen.

Jesus finden
Guter Gott,
wir können Jesus erkennen
in den Menschen,
die Hilfe brauchen.
Schenke uns ein offenes Herz
und offene Hände.
Laß uns Brot füreinander sein.
Amen.

Brot

Mama hat Brot gebacken,
das ganze Haus duftet danach.
Ich kann es gar nicht erwarten,
bis sie das Brot anschneidet.
Ich danke für das Brot.
Ich danke dem Bauern und dem Müller.
Ich danke der Verkäuferin und natürlich Mama.
Gott, ich danke dir für das Brot.

*

Brot verbindet,
Brot versöhnt.
Brot schafft Frieden und Gemeinschaft.
Lieber Gott,
laß uns allen Streit überwinden,
wenn wir zusammen essen.
Laß uns füreinander da sein,
laß uns Brot füreinander sein.

*

Gott,
im Vaterunser beten wir:
Unser tägliches Brot gib uns heute.
In unserem Land haben wir genug Brot,
wir haben im Überfluß.
So will ich heute einmal beten:
Gib den hungernden Kindern ihr tägliches Brot.
Laß alle Menschen genug zu essen haben,
jeden Tag.
Und mach uns bereit,
miteinander unser Brot zu teilen.
Gib uns und allen
unser tägliches Brot!

Das Brot des Lebens

Jesus,
du hast deinen Jüngern beim Abendmahl Brot gegeben.
Mit diesem Brot hast du dich selbst geschenkt:
Du bist das Brot des Lebens.
Jesus,
in der Messe schenkst du uns heute dein Brot.
Mit diesem Brot schenkst du dich uns:
Du bist das Brot des Lebens.
Jesus,
bald schenkst du auch mir dein Brot.
Mit diesem Brot schenkst du dich mir:
Du bist mein Brot des Lebens.

*

Gott,
ich freue mich auf die Kommunion.
Ich kann kaum darauf warten.
Mach mein Herz offen für dich.
Verbinde mich mit dir.
Verbinde mich mit Jesus.
Verbinde mich mit den anderen Christen.
Kommunion heißt Gemeinschaft.
Gott, ich freue mich.

*

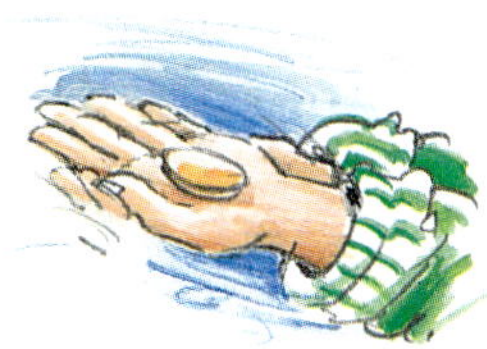

Wir sagen danke
für unser Brot.
Wir sagen danke
für die Milch.
Wir sagen danke
für ...
Gott,
wir danken dir für alles Gute.

Fünf Brot und zwei Fische

Jesus,
du hast die Brote und die Fische in der Wüste geteilt,
und alle wurden satt – so viele Menschen.
Laß auch uns miteinander teilen,
damit alle etwas bekommen
und so das Leben gut wird.

Jesus,
du bist in das Haus des Zachäus gegangen
und hast mit ihm Mahl gehalten,
ihn angenommen und ihm Gemeinschaft geschenkt.
Hilf, daß auch wir zu einer guten Gemeinschaft werden,
wenn wir miteinander essen.

Jesus,
du hast in Kana eine Hochzeit mitgefeiert,
du hast den Menschen Wein geschenkt
und dich mit ihnen gefreut.
Laß auch uns schöne Feste feiern
und viel Freude miteinander haben.

Dank für die Ernte

Guter Gott,
wir haben eine gute Ernte gehabt.
Korn und Gemüse,
Obst und Wein –
alles ist im Überfluß da,
Früchte der Erde und der menschlichen Arbeit.
Du hast uns und unsere Arbeit gesegnet,
du sorgst für uns.
Guter Gott,
wir danken dir für die Ernte.

Gemeinschaft mit Jesus

Die Mitte

Jesus,
du bist die Mitte
unserer Gemeinschaft,
so wie die Nabe
die Mitte des Rades ist.
Gib uns Mut und Kraft,
daß wir uns in deiner Gemeinde
füreinander einsetzen.
Amen.

Die richtige Mitte

Guter Gott,
ein Rad dreht sich mit viel Schwung.
Auch in unserem Leben
ist ganz viel Bewegung.
Laß uns die richtige Mitte finden,
um die wir unser Leben
drehen können,
laß uns zu Jesus finden.
Amen.

Eine Gemeinschaft

Jesus,
durch die Taufe gehören wir zu dir
und zur Gemeinschaft der Christen.
Wir gehören zu deiner Kirche.
Danke für deine Gemeinschaft.
Danke für die anderen Christen.

*

Wir sind eine Gemeinschaft,
in unserem Kommunionkurs,
in unserer Gemeinde,
in der Kirche überall auf der Welt.
Doch oft genug gibt es auch unter Christen Streit.
Oft helfen sie sich nicht genug.
Guter Gott,
sende uns deinen Geist,
Erfülle uns mit ihm,
damit wir offener werden füreinander
und eine gute Gemeinschaft sind in dir.

*

Herr Jesus Christus,
du hast uns zu einer Gemeinschaft
von Schwestern und Brüdern gemacht.
Menschen aus allen Völkern
gehören zu deiner Kirche,
sind dein Volk.
Segne alle Christen,
segne die,
die Verantwortung tragen in deiner Kirche.
Segne unsere Gemeinde,
segne unseren Kommunionkurs.
Amen.

Fange bei mir an

Herr, erwecke deine Kirche,
und fange bei mir an.
Herr, baue deine Gemeinde,
und fange bei mir an.
Herr, laß Frieden und Gotteserkenntnis
überall auf Erden kommen,
und fange bei mir an.
Herr, bringe deine Liebe und Wahrheit
zu allen Menschen,
und fange bei mir an.

aus China

*

Herr, gib uns Augen,
die den Nachbarn seh'n,
Ohren, die ihn hören
und ihn auch versteh'n.
Hände, die es lernen,
wie man hilft und heilt,
Füße, die nicht zögern,
wenn die Hilfe eilt.
Herzen, die sich freuen,
wenn ein anderer lacht,
einen Mund zu reden,
was ihn glücklich macht.
Dank für alle Gaben,
hilf uns wachsam sein.
Zeig uns, Herr,
wir haben nichts für uns allein.

aus Neuseeland

Gottes guter Geist

Du Geist der Hoffnung
komm in mein Leben,
und schenke mir Mut und Lebenskraft.

Du Geist der Liebe,
komm in mein Leben,
und schenke mir Freundschaft mit allen Menschen.

Du Geist des Frieden,
komm in mein Leben,
und schenke mir Versöhnung und Gemeinschaft.

Du Geist der Güte,
komm in mein Leben,
und schenke mir Hilfsbereitschaft und Erbarmen.

Du Geist der Wahrheit,
komm in mein Leben,
und schenke mir Glauben und Trost.

Du Geist der Freiheit,
komm in mein Leben,
und schenke mir einen guten Lebensweg.

Du Geist Jesu,
komm in mein Leben,
und schenke mir Jesus als Freund und Bruder.

Du Geist Gottes,
komm in mein Leben,
und schenke mir die Liebe Gottes.

*

Komm, Schöpfer Geist, kehr bei uns ein,
besuch das Herz der Kinder dein:
die deine Macht erschaffen hat,
erfülle nun mit deiner Gnad.

Gotteslob 245

Wir gehen unseren Weg

Segne uns
Gott, du guter Vater,
segne uns
und begleite uns.
Geh mit uns
auf allen unseren Wegen.
Sei du unser Schutz,
sei unsere Hilfe,
durch Jesus, unseren Herrn.
Amen.

Unser Kommunionkurs
Gott,
unser Kommunionkurs geht zu Ende.
Du hast uns in den letzten Monaten
auf unserem Weg begleitet.
Wir danken dir für diese Zeit.
Sei auch weiterhin unser Freund,
und begleite uns auf unserem Weg.
Amen.

Auf all deinen Wegen

Viel Glück und viel Segen
auf all deinen Wegen,
Gesundheit und Wohlstand
sei auch mit dabei.

*

Wie schön, daß du geboren bist,
wie schön, daß es dich gibt.
Alles Gute soll dein Herz erfüll'n:
Freude, Segen und auch Glück.

*

Möge Gott mit dir sein.
Möge er dich fest in seinen Händen halten.
Möge er dir Geborgenheit schenken,
daß du sicher bist wie in einem festen Haus.
Möge er dir Stärke schenken,
daß du standhältst im schlimmsten Sturm.
Möge er dir Freude schenken,
daß du deinen Weg gehen kannst jeden Tag.

*

Der Herr schenke dir
die Behutsamkeit seiner Hände,
die Güte seiner Augen,
das Lächeln seines Mundes,
die Treue seiner Schritte,
den Frieden seiner Worte,
die Wärme seines Herzens,
das Feuer seines Geistes,
das Geheimnis seiner Gegenwart!

aus Frankreich

Jesu Hände – unsere Hände

Christus hat keine Hände,
nur unsere Hände,
um seine Arbeit heute zu tun.
Er hat keine Füße,
nur unsere Füße,
um Menschen auf seinen Weg zu führen.
Christus hat keine Lippen,
nur unsere Lippen,
um Menschen von ihm zu erzählen.
Christus hat keine Hilfe,
nur unsere Hilfe,
um Menschen an seine Seite zu bringen.

*

Gemeinschaft von Christen,
Gemeinschaft von Brüdern und Schwestern,
öffnet die Ohren, öffnet die Herzen!

Wir haben Hände, damit wir teilen
mit dem Armen, dem Hungernden ohne Brot;
und ein Herz, damit wir verzeihen
das Böse, das uns der Bruder angetan.

Wir haben Augen, damit wir suchen
das Leid und die Not;
und ein Herz, damit wir trösten und lieben.

Wir haben Schultern, damit wir tragen
des anderen Sorge und Leid;
und ein Herz, damit wir uns freuen am Glück des Bruders.

Wir haben Ohren, damit wir hören
des Herren Wort vom Frieden;
und ein Herz, damit wir beten zu Gott, unserem Vater.

aus Brasilien

Segen

Der Herr segne und behüte dich.
Der Herr lasse sein Angesicht über dich leuchten
und sei dir gnädig.
Der Herr wende sein Angesicht dir zu
und schenke dir Heil.

Abendsegen für Kinder

Der Tag geht zu Ende,
aber Gott geht nicht.
Die Nacht bricht herein,
aber Gottes Licht ist bei uns.

Weil er über uns seine Hände hält,
verschwindet alle Angst.
Weil er immer bei uns ist,
wird jeder Tag erst schön.

Es segne dich und mich
unser lieber Vater.
Es schaue auf uns
Jesus Christus, sein Sohn.
Es komme zu uns
der gute Geist Gottes.

So segne und beschütze uns
der allmächtige Gott,
der Vater, der Sohn und der Heilige Geist.
Amen.

Wortgottesdienst

Eingangslied

Kreuzzeichen und Begrüßung

Im Namen des Vaters und des Sohnes
und des Heiligen Geistes. Amen.
Unser Herr Jesus Christus sei mit euch.
Und mit deinem Geiste.

Der Priester begrüßt die Gemeinde und leitet mit einigen Worten in die Messe ein.

Schuldbekenntnis

Ich bekenne Gott, dem Allmächtigen,
und allen Brüdern und Schwestern,
daß ich Gutes unterlassen und Böses getan habe –
ich habe gesündigt in Gedanken, Worten und Werken
durch meine Schuld, durch meine Schuld,
durch meine große Schuld.
Darum bitte ich die selige Jungfrau Maria,
alle Engel und Heiligen
und euch, Brüder und Schwestern,
für mich zu beten bei Gott, unserem Herrn.

Der Priester spricht die Vergebungsbitte:

Der allmächtige Gott erbarme sich unser.
Er lasse uns die Sünden nach
und führe uns zum ewigen Leben.
Amen.

Herr, erbarme dich (Kyrie)

Herr, erbarme dich.
Christus, erbarme dich.
Herr, erbarme dich.

Ehre sei Gott (Gloria)

Ehre sei Gott in der Höhe
und Friede auf Erden den Menschen seiner Gnade.
Wir loben dich,
wir preisen dich,
wir beten dich an,
wir rühmen dich und danken dir,
denn groß ist deine Herrlichkeit:
Herr und Gott, König des Himmels,
Gott und Vater, Herrscher über das All,
Herr, eingeborener Sohn, Jesus Christus.
Herr und Gott, Lamm Gottes, Sohn des Vaters,
du nimmst hinweg die Sünde der Welt:
erbarme dich unser;
du nimmst hinweg die Sünde der Welt:
nimm an unser Gebet;
du sitzest zur Rechten des Vaters:
erbarme dich unser.
Denn du allein bist der Heilige,
du allein der Herr,
du allein der Höchste:
Jesus Christus,
mit dem Heiligen Geist,
zur Ehre Gottes des Vaters. Amen.

Tagesgebet

Der Priester faßt wichtige Anliegen der Gemeinde in einem Gebet zusammen.

Lesung

In der Messe können ein oder zwei Lesungen aus der Bibel vorgetragen werden. Wir hören darin ein Stück aus dem Alten Testament, aus der Apostelgeschichte oder einem Brief der Apostel.

Antwortgesang (Zwischengesang)

Nach den Lesungen wird ein Lied gesungen, oder es wird ein Psalm oder ein anderes Gebet von der Gemeinde als Antwort gebetet. Vor dem Evangelium ist auch der Ruf des »Halleluja« (»Lobt Gott!«).

Evangelium

Der Herr sei mit euch.

Und mit deinem Geiste.

Aus dem Evangelium nach (Matthäus, Markus, Lukas, Johannes).

Ehre sei dir, o Herr.

Priester und Gemeinde bezeichnen sich mit den drei kleinen Kreuzzeichen des Evangeliengrußes (auf Stirn, Mund und Herz).
Der Priester (oder ein Diakon) trägt das Evangelium vor. Es stellt die Mitte des Wortgottesdienstes dar.

Predigt

In der Predigt wird das Evangelium erklärt und auf unsere Zeit bezogen.

Glaubensbekenntnis

Den Text des Apostolischen Glaubensbekenntnisses findest du auf Seite 4: Ich glaube an Gott ...

Fürbitten

Wir bitten dich, erhöre uns.

Eucharistiefeier

Gabenbereitung

Brot und Wein werden zum Altar gebracht.
Dabei wird ein Lied gesungen, oder der Priester betet:

Gepriesen bist du, Herr, unser Gott, Schöpfer der Welt.
Du schenkst uns das Brot,
die Frucht der Erde und der menschlichen Arbeit.
Wir bringen dieses Brot vor dein Angesicht,
damit es uns das Brot des Lebens werde.

Gepriesen bist du in Ewigkeit, Herr, unser Gott.

Gepriesen bist du, Herr, unser Gott, Schöpfer der Welt.
Du schenkst uns den Wein,
die Frucht des Weinstocks und der menschlichen Arbeit.
Wir bringen diesen Kelch vor dein Angesicht,
damit er uns der Kelch des Heiles werde.

Gepriesen bist du in Ewigkeit, Herr, unser Gott.

Betet, Brüder und Schwestern,
daß mein und euer Opfer Gott,
dem allmächtigen Vater, gefalle.

Der Herr nehme das Opfer an aus deinen Händen
zum Lob und Ruhme seines Namens,
zum Segen für uns und seine ganze heilige Kirche.

Das eucharistische Hochgebet

Das eucharistische Hochgebet besteht aus drei Teilen:
Präfation (Dankgebet), Heilig (Sanctus) und Kanon.

Präfation (Dankgebet)

Der Herr sei mit euch.
Und mit deinem Geiste.
Erhebet die Herzen.
Wir haben sie beim Herrn.
Lasset uns danken, dem Herrn, unserm Gott.
Das ist würdig und recht.

Der Priester spricht oder singt das große Dankgebet.
Die Gemeinde antwortet darauf:

Heilig (Sanctus)

Heilig, heilig, heilig Gott, Herr aller Mächte und Gewalten.
Erfüllt sind Himmel und Erde von deiner Herrlichkeit.
Hosanna in der Höhe.
Hochgelobt sei, der da kommt im Namen des Herrn.
Hosanna in der Höhe.

Kanon (Hauptteil des Hochgebetes)

Der Kanon ist ein großes Dankgebet, in dessen Mitte
die Einsetzungsworte Jesu über Brot und Wein stehen:

Nehmet und esset alle davon:
Das ist mein Leib,
der für euch hingegeben wird.

Nehmet und trinket alle daraus:
Das ist der Kelch des neuen und ewigen Bundes,
mein Blut, das für euch und für alle vergossen wird
zur Vergebung der Sünden.
Tut dies zu meinem Gedächtnis.

Geheimnis des Glaubens:
Deinen Tod, o Herr, verkünden wir,
und deine Auferstehung preisen wir,
bis du kommst in Herrlichkeit.

Vaterunser

Den Text des Vaterunsers findest du auf Seite 3.

Friedensgruß

Der Herr hat zu seinen Aposteln gesagt:
Frieden hinterlasse ich euch, meinen Frieden gebe ich euch.
Darum bitten wir: Herr Jesus Christus,
schau nicht auf unsere Sünden,
sondern auf den Glauben deiner Kirche,
und schenke ihr nach deinem Willen Einheit und Frieden.

Der Friede des Herrn sei allezeit mit euch.

Und mit deinem Geiste.

Lamm Gottes (Agnus Dei)

Lamm Gottes, du nimmst hinweg die Sünde der Welt:
erbarme dich unser.
Lamm Gottes, du nimmst hinweg die Sünde der Welt:
erbarme dich unser.
Lamm Gottes, du nimmst hinweg die Sünde der Welt:
gib uns deinen Frieden.

Kommunion

Seht das Lamm Gottes,
das hinwegnimmt die Sünde der Welt.

Herr, ich bin nicht würdig,
daß du eingehst unter mein Dach,
aber sprich nur ein Wort,
so wird meine Seele gesund.

Der Leib Christi.

Amen.

Schlußgebet

Im Schlußgebet faßt der Priester die Gedanken der Messe zusammen.

Segen und Entlasssung

Der Herr sei mit euch.
Und mit deinem Geiste.
Es segne euch der allmächtige Gott,
der Vater und der Sohn und der Heilige Geist.
Amen.

Gehet hin in Frieden.
Dank sei Gott dem Herrn.

Schlußlied

Gott,
wir feiern Messe zusammen,
Jungen und Mädchen,
junge und alte Menschen.
Du hast uns zusammengerufen,
wir sind dein Volk.
Wir loben dich und danken dir.
Wir singen und beten.
Du stärkst uns durch dein Wort und dein Brot.
Segne alle,
die am Gottesdienst teilnehmen.

Weitere Gebete zur Messe

Herr, erbarme dich

Herr Jesus Christus, du hast uns zu dieser Gemeinschaft
zusammengeführt, du willst, daß wir eins sind in dir.
Herr, erbarme dich.
Herr Jesus Christus, du bist die Tür zum Vater,
du willst uns neu mit Gott verbinden.
Christus, erbarme dich.
Herr Jesus Christus, du begegnest uns im Wort der Schrift
und im Brot, stärke uns auf unserem Weg.
Herr, erbarme dich.

Jesus, du rufst uns immer wieder, dein Wort zu hören:
Öffne unsere Ohren, daß wir dich hören.
Herr, erbarme dich.
Öffne unsere Augen, daß wir dich sehen.
Christus, erbarme dich.
Öffne unsere Herzen, daß wir zu dir gehören.
Herr, erbarme dich.

Jesus, du bist der Freund aller Menschen:
Oft sind wir wie Ichmenschen und tun Böses.
Herr, erbarme dich.
Oft unterlassen wir das Gute, das uns möglich ist.
Christus, erbarme dich.
Um Dumenschen zu werden, brauchen wir deine Hilfe.
Herr, erbarme dich.

Ehre sei Gott

Großer Gott,
wir loben und preisen dich.
Denn du hast alles gut geschaffen,
Himmel und Erde,
Wasser und Land,
Pflanzen und Tiere,
alle schönen Dinge.
Auch uns Menschen gibst du das Leben.

Gott, wir loben und preisen dich.
Du sorgst für unsere Welt,
du sorgst für uns Menschen.
Du gibst uns Menschen, die zu uns gehören,
Eltern und Freunde und Nachbarn.
Du gibst uns Essen und Trinken
und ein Zuhause.

Gott, wir loben und preisen dich.
Du hast Jesus in unsere Welt gesandt,
unseren Bruder und Freund.
In ihm zeigst du uns deine Liebe
und dein Erbarmen.
In ihm schenkst du uns Freude
und Hoffnung.

Gott, wir loben und preisen dich.
Dir sei Ehre und Herrlichkeit
bis in Ewigkeit. Amen.

Gott, du unser Vater, wir loben dich.
Jesus, du unser Bruder, wir danken dir.
Heiliger Geist, du unsere Kraft, wir vertrauen dir.

Glaubensbekenntnis

Ich glaube an Gott, unseren Vater.
Er hat die ganze Welt geschaffen.
Für uns Menschen ist er wie eine liebe Mutter.
Er liebt und versteht uns Menschen.
Er beschützt uns und läßt uns nicht allein.

Ich glaube an Jesus Christus, Gottes Sohn.
Er ist zu uns gekommen, um uns die Liebe Gottes zu zeigen.
Er hat den Menschen geholfen und ihnen von Gott erzählt.
Für uns ist er am Kreuz gestorben.
Doch er ist auferstanden und lebt für immer bei uns.

Ich glaube an Gottes guten Geist.
Er wirkt in unserer Welt und auch in mir.
Er ist der Geist der Liebe und des Friedens.
Er ist der Geist der Gerechtigkeit und der Versöhnung.
Er ist der Geist Jesu und unserer Gemeinschaft.

Glaubt ihr an Gott den Vater, den Allmächtigen,
den Schöpfer des Himmels und der Erde?
Wir glauben.

Glaubt ihr an Jesus Christus, Gottes Sohn, unseren Herrn,
der geboren wurde von Maria,
der gelitten hat und begraben wurde,
der von den Toten auferstand und zur Rechten des Vaters sitzt?
Wir glauben.

Glaubt ihr an den Heiligen Geist,
die Kirche als die Gemeinschaft der Glaubenden,
die Auferstehung der Toten und das ewige Leben?
Wir glauben.

Fürbitten

Guter Gott, du bist uns Menschen nahe.
Deshalb sagen wir dir jetzt unsere Bitten:

- Beschütze uns, damit kein Unglück passiert und wir nicht krank werden.
- Segne alle Menschen, die wir gern haben, besonders unsere Eltern und Freunde.
- Stärke uns Kommunionkinder, damit wir immer besser an dich glauben. Gib allen Christen ein offenes Herz für Arme und Notleidende.
- Laß uns eine fröhliche Gemeinde sein, die füreinander und für andere Menschen da ist.
- Nimm unsere Verstorbenen auf in dein Reich.

Guter Vater im Himmel, erhöre unser Beten
durch Christus, unseren Herrn. Amen.

Gott, wir bitten dich:

- für die hungernden Menschen in aller Welt:
  Herr, erbarme dich.
- für die kranken und behinderten Menschen
- die alten und einsamen Menschen
- für die, die im Krieg und im Streit miteinander leben
- für unsere Gemeinde und für die ganze Kirche
- für uns selbst und für unsere Familien
- für unsere Verstorbenen

Höre auf uns, guter Gott,
durch Jesus, deinen Sohn, unseren Bruder. Amen.

Herr, erhöre unser Gebet,
und laß unser Rufen zu dir kommen.

Dank nach der Kommunion

Jesus, du bist mein Freund.
Im Brot kommst du zu mir,
du bist Lebensbrot für mich
und für alle Christen.
Dafür danke ich dir.
Bleibe bei mir und stärke mich
heute und alle Tage meines Lebens.

Jesus, du hast uns zu dir eingeladen,
wir dürfen zu deinem Tisch kommen.
Du schenkst dich uns in diesem Brot.
So werden wir ganz eins mit dir.
Dafür möchte ich dir danken.
Bleibe immer mit mir verbunden.

Guter Gott,
wir haben das Brot geteilt
und den Leib Jesu empfangen.
Laß uns als deine Gemeinschaft
in Liebe und Frieden miteinander leben.
Dann wird Jesus unter uns wohnen,
und wir werden Brot sein füreinander.

Danke, Gott,
daß du uns zu dir eingeladen hast.
Danke, Gott,
daß wir dein Wort hören durften.
Danke, Gott,
daß du uns dein Brot geschenkt hast.
Danke, Gott,
für alles Gute in unserem Leben.

Register

Kleine Gebetsschule

Beten – wie geht das?

Beten ist gar nicht so leicht. Vielen fällt Beten schwer – auch Kindern. Deshalb erhältst du hier einige Hilfen für dein Beten.

Beten: Gott alles sagen können

Beten heißt: Zu Gott sprechen wie zu einem guten Freund. Du darfst ihm alles aus deinem Leben sagen, was du gerade machst, worüber du froh bist, worüber du traurig bist ... Du brauchst für dein Beten auch keine auswendig gelernten Texte anderer Leute, sondern du darfst von deinem Leben erzählen. Bete in deiner Sprache, aber bete aus dem Vertrauen, daß Gott dich versteht.

Beten: Still werden und auf Gott hören

Beten heißt: Sprechen mit Gott. Aber wenn man mit jemandem spricht, muß man auch auf ihn hören, und dann kann man antworten. Versuche also, bei deinem Beten zuerst einmal ruhig zu werden, ganz still, damit du dich auf Gott einstellen, auf ihn hören kannst. Wenn du still wirst, wirst du Gott erfahren. Das wird dir nicht immer gut gelingen. Aber versuche es immer wieder.

Beten: Mit eigenen und mit fremden Worten

Christen beten in verschiedener Weise. Über lange Zeit hinweg sind Gebetstexte entstanden, die viele Menschen auch heute gerne beten. Solche Gebete findest du in vielen Gebetbüchern, auch im Gotteslob. Ebenso wichtig aber ist es, daß du mit deinen eigenen Worten betest. Beten braucht dabei keine Sondersprache, sondern rede ganz frei mit Gott, wie du es möchtest.

Beten: Sich allein und gemeinsam auf Gott ausrichten

Beten ist eine ganz persönliche Sache. Deshalb brauchst du für dein Beten immer auch ganz persönliche Worte. Nur so kannst du dein Leben vor Gott aussagen und für dich von Gott her Kraft erhalten. Umgekehrt beten Christen auch miteinander: Wir alle sind Kinder Gottes, wir gehören zur Gemeinschaft der Christen. Persönliches und gemeinsames Beten sind beide wichtig. Deshalb mußt du auch einige Gebete lernen, die du mit anderen zusammen beten kannst.

Beten: Mit dem ganzen Körper sprechen

Beten geht nicht allein mit dem Verstand und dem Herz, also im Inneren des Menschen. Auch der Körper kann sich am Gebet beteiligen und durch seine Haltung ausdrücken, was man meint. Das Falten der Hände, die Haltung des Körpers, Bewegungen, ja Tanz können zum Beten gehören. Du kannst mit deiner ganzen Person, mit Körper und Geist, beten.

Beten: Jeden Tag Vertrauen haben

An manchen Tagen ist das Beten leicht, an anderen fällt es schwer. Deshalb ist es gut, sich beim Beten an bestimmte Zeiten zu halten und so zu einem regelmäßigen Beten zu kommen. Was für den Sport gilt, gilt für das Beten: Regelmäßiges »Training« entscheidet. Überlege dir also Zeiten und Gelegenheiten, wann du betest, und versuche, sie einzuhalten.

Beten ist wie …

– ein Gespräch mit einem guten Freund
– ein Licht finden, das die Dunkelheit wegnimmt
– Wasser für eine trockene Blume
– ein Geländer, an dem man Halt findet
– ein Dach über dem Kopf …

Zwei Geschenkbücher zur Erstkommunion:

Mein Geschenkbuch zur Erstkommunion
Ein gut gestaltetes Buch, das die Themen des Kommunionkurses aufgreift sowie an die Feier der Erstkommunion erinnert und zugleich über das Fest hinausführt.

48 Seiten, Pappband, 17 x 24 cm
ISBN 3-491-79469-2

Wir müssen nicht Engel mit Flügeln sein
Buch zur Erstkommunion, das Schwerpunkte des Festes aufgreift, vor allem aber mit dem Symbol Hand Grundthemen des Glaubens anspricht.

64 Seiten, Pappband, 18,5 x 23,5 cm
ISBN 3-491-79428-5

Elternbuch »Unser Kommunionkurs«
Zu den Themen von »Unser Kommunionkurs« werden Hilfen für Erwachsene gegeben, die die eigene Lebenssituation berücksichtigen und zum Gespräch mit den Kindern befähigen.

144 Seiten Pappband, 13,0 x 20,5 cm
ISBN 3-491-76265-0

Quellen: S. 6,3 Paul Gerhardt (1653, vgl. Gotteslob 671). S. 8 und 16: Rolf Krenzer, aus: Halte zu mir heute, guter Gott, Lahn Verlag, Limburg 1983; Rechte beim Autor, S. 17 und 218. S. 43: Quellen unbekannt. S. 48,2 Josef Griesbeck, aus: Viel Glück und viel Segen. Glückwünsche und Segensgesten, München 1992, S. 40

Honig